3500 palavras
em francês

2ª Reimpressão

© 2008 Thierry Belhassen

Revisão
Thierry Belhassen

Capa e projeto gráfico
Paula Astiz

Editoração eletrônica
Paula Astiz / Paula Astiz Design

Ilustrações
Lydia Megumi

Dados Internacionais de Catalogação na Publicação (CIP)
(Câmara Brasileira do Livro, SP, Brasil)

Belhassen, Thierry
   3500 palavras em francês / Thierry Belhassen ; [ilustrações Lydia Megumi]. – Barueri, SP : DISAL, 2008.

   ISBN 978-85-89533-99-7

   1. Francês – Vocabulários e manuais de conversação – Português I. Megumi, Lydia. II. Título.

08-05775   CDD-443.69

Índices para catálogo sistemático:
1. Guia de conversação francês-português : Linguística   443.69

Todos os direitos reservados em nome de:

Bantim, Canato e Guazzelli Editora Ltda.
Al. Mamoré, 911, sala 107, Alphaville
06454-040, Barueri, SP
Tel./Fax: (11) 4195-2811

Visite nosso site: www.disaleditora.com.br
Vendas:
Televendas: (11) 3226-3111
Fax gratuito: 0800 7707 105/106
E-mail para pedidos: comercialdisal@disal.com.br

Nenhuma parte desta publicação pode ser reproduzida, arquivada nem transmitida de nenhuma forma ou meio sem permissão expressa e escrita da Editora.

SUMÁRIO
SOMMAIRE

AS VIAGENS LES VOYAGES 7

De Avião En Avion 7
De Barco En Bateau 10
De Trem En Train 12
De Carro En Voiture 14

FÉRIAS VACANCES 18

No Hotel À l'Hôtel 18
No Restaurante Au Restaurant 19
Comida Nourriture 21

COMPRAS ACHATS 28

Roupas Vêtements 30
Som Hi-Fi 33
Livros Livres 35
Tabaco Tabac 36
Lavanderia Blanchisserie 37
Fotografia Photographie 38
Jóias Bijoux 39
Correio e Telefone Poste et Téléphone 40
Supermercado Supermarché 41
Papelaria Papeterie 42
Drogaria Pharmacie 43
Ferragens Quincaillerie 43
Flores Fleurs 44

NA PRAIA À LA PLAGE 46

NA MONTANHA À LA MONTAGNE 49

NA RUA DANS LA RUE 51

Diversões Divertissements 53

NO CAMPO À LA CAMPAGNE 56

Pomar *Verger* 57
Floresta *Forêt* 58
Tempo e Estações *Temps et Saisons* 59
Animais *Animaux* 62
Animais Selvagens *Animaux Sauvages* 63

NO TRABALHO AU TRAVAIL 68

Na Escola *À l'École* 68
Números *Nombres* 70
Negócios *Affaires* 72

A MÍDIA LES MEDIA 76

A POLÍTICA LA POLITIQUE 79

CRIME E CASTIGO CRIME ET CHÂTIMENT 82

GUERRA E PAZ GUERRE ET PAIX 85

O DIA A DIA LE QUOTIDIEN 88

Em Casa *À la Maison* 88
Móveis e Acessórios *Meubles et Accessoires* 90
Família e Amigos *Famille et Amis* 93

LAZER LOISIRS 96

Festas *Fêtes* 96
Esportes e Jogos *Sports et Jeux* 97

SAÚDE SANTÉ 102

Corpo *Corps* 102
Doença *Maladie* 105
Acidentes e Morte *Accidents et Mort* 108
Sentidos *Sens* 109
Coração e Mente *Coeur et Esprit* 113

PALAVRAS ÚTEIS MOTS UTILES 116

AS VIAGENS
LES VOYAGES

De Avião *En Avion*

uma agência de viagem *une agence de voyage*
uma viagem *un voyage*
a companhia aérea *la compagnie aérienne*
um bilhete *un billet*
um bilhete de ida *un aller*
um bilhete de ida e volta *un aller-retour*
um passaporte *un passeport*
um visto *un visa*
a taxa de cambio *le taux de change*
o dinheiro *l'argent*
as férias *les vacances*
o viajante *le voyageur*
o turista *le touriste*
um estrangeiro *un étranger*
um estranho *un étranger*
um país *un pays*
o aeroporto *l'aéroport*
a bagagem *les bagages*
a mala *la valise*
uma sacola *un sac*
a bolsa *le sac à main*
a carteira *le portefeuille*
o carrinho de bagagem *le chariot à bagage*
o carregador *le porteur*
o aviso *l'annonce*
a alfândega *la douane*
o funcionário da alfândega *le douanier*

a taxa   *le droit de douane*
uma garrafa   *une bouteille*
cigarros   *des cigarettes*
charutos   *des cigares*
o tabaco   *le tabac*
um perfume   *un parfum*
a joalheria   *la bijouterie*
os binóculos   *les jumelles*
os óculos   *les lunettes*
uma máquina fotográfica   *l' appareil photo*
um gravador   *le magnétophone*
um vídeo   *une vidéo*
um computador   *un ordinateur*
um formulário   *un formulaire*
o helicóptero   *l' hélicoptère*
o planador   *le planeur*
o avião a jato   *le jet*
a decolagem   *le décollage*
a pista   *la piste*
a tripulação   *l' équipage*
a aeromoça   *l' hôtesse*
o piloto   *le pilote*
o passageiro   *le passager*
o avião   *l'avion*
o vôo   *le vol*
a cabina   *la cabine*
a classe   *la classe*
o lugar   *le siège*
o cinto de segurança   *la ceinture de sécurité*
a máscara de oxigênio   *le masque à oxygène*
o enjôo   *le mal de l'air*
a bandeja   *le plateau*
a janela   *la fenêtre*

AS VIAGENS LES VOYAGES

a asa *l'aile*
a aterrissagem *l'atterrissage*
a partida *le départ*
a chegada *l'arrivée*
o taxi *le taxi*
o carro *la voiture*
o ônibus *le bus*
o trem *le train*
a tarifa *le tarif*
a gorjeta *le pourboire*
o hotel *l'hôtel*
a reserva *la réservation*
o quarto *la chambre*
o elevador *l'ascenseur*
a chave *la clé*
o número do quarto *le numéro de chambre*
o banheiro *la salle de bain*
um guia *un guide*
o sol *le soleil*
a chuva *la pluie*
o guarda-chuva *le parapluie*
a neve *la neige*

* * *

molhado *mouillé*
seco *sec*
caro *cher*
barato *bon marché*
quente *chaud*
muito quente *torride, brûlant*
frio *froid*
gelado *gelé*
chuvoso *pluvieux*
ventoso *venteux*

ensolarado *ensoleillé*
perto *près*
longe *loin*
pesado *lourd*
leve *léger*
turístico *touristique*
rápido *rapide*
devagar *lent*

* * *

viajar *voyager*
tomar o avião *prendre l'avion*
voar *voler*
tirar férias *prendre des vacances*
reservar *réserver*
confirmar *confirmer*
cancelar *annuler*
despachar *enregistrer*
apertar o cinto *attacher la ceinture*
passar pela alfândega *passer la douane*
declarar *déclarer*
pedir informações *s'informer*
alugar *louer*
visitar *visiter*
chamar *appeler*
passear *se promener*
chover *pleuvoir*
nevar *neiger*
gear *geler*
contratar *engager*

De Barco *En Bateau*

a companhia de navegação *la compagnie de navigation*

AS VIAGENS LES VOYAGES

um cruzeiro *une croisière*
o porto *le port*
o cais *le quai*
o estaleiro *le chantier naval*
um armazém *un hangar*
o quebra-mar *la jetée*
um barco *un bateau*
um navio *un navire*
um cargueiro *un cargo*
um rebocador *un remorqueur*
o barco salva-vidas *un canot de sauvetage*
o colete salva-vidas *le gilet de sauvetage*
o salão *le salon*
o bar *le bar*
a sala de jantar *la salle à manger*
a sala de jogos *la salle de jeux*
o camarote *la cabine*
o beliche *la couchette*
a vigia *le hublot*
a passarela *la passerelle*
a escada *l'escalier*
o convés *le pont*
o capitão *le capitaine*
o camaroteiro *le steward*
o marinheiro *le marin*
a carga *la cargaison*
o guindaste *la grue*
o baú *la malle*
o farol *le phare*
o mar *la mer*
uma ilha *une île*
a terra *la terre*
o oceano *l'océan*

a onda *la vague*
a maré *la marée*
a corrente *le courant*
a tempestade *la tempête*
as nuvens *les nuages*
o céu *le ciel*
os destroços *l'épave*

***

enjoado *malade*
profundo *profond*
raso *plat, peu profond*
agitado *agité*
calmo *calme*
liso *lisse*

***

embarcar *embarquer*
navegar *naviguer*
afundar *couler*
remar *ramer*

De Trem *En Train*

o trem *le train*
a estação *la gare*
a plataforma *le quai*
a sala de espera *la salle d'attente*
o bufê *le buffet*
a entrada *l'entrée*
a saída *la sortie*
a bilheteria *le guichet*
o depósito de bagagens *la consigne*
a recepção *la réception*
a entrega *la remise*
a devolução *la dévolution*

AS VIAGENS   LES VOYAGES

as informações   *le guichet d'informations*
a banca de jornal   *le kiosque à journaux*
o horário   *l'horaire*
o chefe da estação   *le chef de gare*
o carregador   *le porteur*
o cobrador   *le receveur*
a porta   *la porte*
a rede de bagagens   *le compartiment à bagages*
o assento   *le siège*
a janela   *la fenêtre*
a cortina   *le rideau*
o estribo   *le marchepied*
o vagão-leito   *le wagon-lit*
o vagão-restaurante   *le wagon-restaurant*
o corredor   *le couloir*
o compartimento   *le compartiment*
os trilhos   *les rails*
as agulhas   *l'aiguillage*
o sinal   *le signal*
um dormente   *une traverse*
a via férrea   *la voie ferrée*
o pára-choque   *le butoir*
a carga   *la cargaison*
o túnel   *le tunnel*
a passagem de nível   *le passage à niveau*

* * *

perder o trem   *rater le train*
partir   *partir*
ter pressa   *être pressé*
parar   *arrêter*
esperar   *attendre*
estar atrasado   *être en retard*

De Carro En Voiture

o motorista *le conducteur*
a carteira de motorista *le permis de conduire*
o passageiro *le passager*
o pedestre *le piéton*
a estrada *la route*
a auto-estrada *l'autoroute*
o carro *la voiture*
o caminhão *le camion*
o ônibus *l'autobus*
a motocicleta *la moto*
a carroceria *la carrosserie*
o pára-choque *le pare-chocs*
o pára-brisa *le pare-brise*
os limpadores de pára-brisa *les essuie-glaces*
a roda *la roue*
a calota *l'enjoliveur*
um pneu *un pneu*
o furo *la crevaison*
o estepe *la roue de secours*
a pressão dos pneus *la pression des pneus*
o macaco *le cric*
o porta-malas *le coffre*
as portas *les portes*
a placa *la plaque minéralogique*
a fechadura *la serrure*
a maçaneta *la poignée*
os bancos *les sièges*
o cinto de segurança *la ceinture de sécurité*
o capô *le capot*
o volante *le volant*
um botão *un bouton*
o afogador *le starter*

AS VIAGENS LES VOYAGES

o pisca-pisca   *le clignotant*
a chave de ignição   *la clé de contact*
os pedais   *les pédales*
os freios   *les freins*
o breque de mão   *le frein à main*
o acelerador   *l'accélérateur*
a embreagem   *l'embrayage*
o câmbio   *la boîte de vitesses*
a alavanca de marchas   *le levier de changement de vitesses*
as marchas   *les vitesses*
a ré   *la marche arrière*
a buzina   *le klaxon*
o interruptor   *l'interrupteur*
o velocímetro   *le compteur de vitesse*
a velocidade   *la vitesse*
os faróis   *les phares*
o tanque   *le réservoir*
a gasolina   *l'essence*
um posto de gasolina   *une station service*
a bomba de gasolina   *la pompe à essence*
o motor   *le moteur*
a vareta do óleo   *la baguette d'huile*
o óleo   *l'huile*
as velas   *les bougies*
os cilindros   *les cylindres*
o cabeçote   *la culasse*
as válvulas   *les soupapes*
o carburador   *le carburateur*
o radiador   *le radiateur*
a ventoinha   *le ventilateur*
a correia   *la courroie*
a bateria   *la batterie*

os amortecedores   *les amortisseurs*
as molas   *les ressorts*
a suspensão   *la suspension*
a transmissão   *la transmission*
o escapamento   *le pot d'échappement*
o estacionamento   *le stationnement*
um acidente   *un accident*
uma pane   *une panne*
o vazamento   *la fuite*
o mecânico   *le mécanicien*

* * *

potente   *puissant*
rápido   *rapide*
devagar   *lent*
cheio   *plein*
vazio   *vide*
seguro   *sûr*
perigoso   *dangereux*
escorregadio   *glissant*
seco   *sec*
molhado   *mouillé*
conversível   *décapotable*
errado   *erroné*
certo   *exact, juste*
novo   *neuf*
usado   *d'occasion*

dar partida   *démarrer*
dirigir   *conduire*
acelerar   *accélérer*
brecar   *freiner*
parar   *arrêter*
estacionar   *stationner*

AS VIAGENS LES VOYAGES

mudar a marcha *changer de vitesse*
virar *tourner*
reduzir a velocidade *ralentir*
ultrapassar *dépasser*
derrapar *déraper*
guinar *faire une embardée*
guinchar *remorquer*
quebrar *casser*
consertar *réparer*
verificar *réviser*
encher o tanque *faire le plein*
bater *tamponner*

FÉRIAS *VACANCES*

No Hotel *À l'Hôtel*

um hotel *un hôtel*
a recepção *la réception*
o elevador *l'ascenseur*
o andar *l'étage*
a chave *la clé*
um quarto *une chambre*
a cama *le lit*
uma cama de casal *un lit à deux places*
o lençol *le drap*
um travesseiro *un oreiller*
o colchão *le matelas*
o cobertor *la couverture*
uma cômoda *une commode*
uma gaveta *un tiroir*
um armário *une armoire*
o cabide *le cintre*
o espelho *la glace, le miroir*
a lâmpada *la lampe*
a mesa *la table*
a cadeira *la chaise*
a poltrona *le fauteuil*
o banheiro *la salle de bain*
a ducha *la douche*
a pia *le lavabo*
a privada *le cabinet*
a descarga *la chasse d'eau*
a torneira *le robinet*
a água *l'eau*

FÉRIAS VACANCES

a toalha *la serviette*
o sabão *le savon*
a escova de dente *la brosse à dents*
a pasta de dente *le dentifrice*
o cinzeiro *le cendrier*
a bandeja *le plateau*
a tomada *la prise*
o café da manhã *le petit-déjeuner*
o almoço *le déjeuner*
o jantar *le dîner*

***

espaçoso *spacieux*
grande *grand*
pequeno *petit*
confortável *confortable*
agradável *agréable*
feio *affreux, laid*
horrível *horrible*
chique *chic*

***

descansar *se reposer*
sentar-se *s'asseoir*
dormir *dormir*
sonhar *rêver*
comer *manger*
puxar *tirer*
empurrar *pousser*

No Restaurante *Au Restaurant*

o restaurante *le restaurant*
o porteiro *le portier*
a porta giratória *la porte tournante*
o terraço *la terrasse*

o bar   *le bar*
o balcão   *le bar*
o garçom do bar   *le barman*
a garçonete do bar   *la barmaid*
uma cadeira de bar   *un tabouret de bar*
o maitre   *le maître d'hôtel*
o garçom   *le garçon*
a bandeja   *le plateau*
a garçonete   *la serveuse*
a mesa   *la table*
a cadeira   *la chaise*
a toalha de mesa   *la nappe*
o guardanapo   *la serviette*
o garfo   *la fourchette*
a faca   *le couteau*
a colher   *la cuiller, la cuillère*
o prato   *le plat*
um copo   *un verre*
uma jarra   *un broc*
um bule de chá   *une théière*
a manteigueira   *le beurrier*
o açucareiro   *le sucrier*
o cesto de pão   *la corbeille de pain*
o pires   *la soucoupe*
a xícara   *la tasse*
o cardápio   *le menu*
a lista dos vinhos   *la liste des vins*
uma refeição   *un repas*
uma bebida   *une boisson*
um canudo   *une paille*
um palito de dente   *un cure-dent*
uma garrafa   *une bouteille*
o saca-rolhas   *le tire-bouchon*

FÉRIAS VACANCES

a rolha   *le bouchon*
o cozinheiro   *le cuisinier*
o aperitivo   *l'apéritif*
o prato   *le plat*
a salada   *la salade*
o hors d'oeuvre   *le hors d'oeuvre*
a sobremesa   *le dessert*
a comida   *la nourriture*
a conta   *l'addition*
a gorjeta   *le pourboire*

Comida   *Nourriture*

a carne   *la viande*
a carne bovina   *le boeuf*
um bife   *un bifteck*
a carne de porco   *le porc*
uma costeleta   *une côtelette*
a carne de cordeiro   *l'agneau*
o carneiro   *le mouton*
o rim   *le rognon*
o fígado   *le foie*
o presunto   *le jambon*
o frango   *le poulet*
o pato   *le canard*
o peru   *la dinde*
a perdiz   *la perdrix*
o faisão   *le faisan*
uma salsicha   *une saucisse*
uma carne assada   *un rosbif*
uma carne cozida   *une viande bouillie*
um guisado   *un ragoût*
a língua   *la langue*
o escargô   *l'escargot*

a rã   *la grenouille*
o peixe   *le poisson*
a pescada   *le merlan*
o bacalhau   *la morue*
a enguia   *l'anguille*
o atum   *le thon*
o arenque   *le hareng*
a sardinha   *la sardine*
a truta   *la truite*
o linguado   *la sole*
os mariscos   *les coquillages*
os camarões   *les crevettes*
as ostras   *les huîtres*
os mexilhões   *les moules*
a lula   *la seiche*
o polvo   *le poulpe*
a lagosta   *la langouste*
o caranguejo   *le crabe*

* * *

os legumes   *les légumes*
o milho   *le maïs*
o arroz   *le riz*
a batata   *la pomme de terre*
o feijão   *le haricot*
o repolho   *le chou*
a cenoura   *la carotte*
o tomate   *la tomate*
o pepino   *le concombre*
a beterraba   *la betterave*
a couve-flor   *le chou-fleur*
o aspargo   *l'asperge*
a alface   *la laitue*
o alho-poró   *le poireau*

FÉRIAS VACANCES

a cebola   *l' oignon*
a vagem   *le haricot vert*
a ervilha   *les petits pois*
o espinafre   *les épinards*
o cogumelo   *le champignon*
o rabanete   *le radis*

* * *

as frutas   *les fruits*
o abacaxi   *l'ananas*
a banana   *la banane*
a uva   *le raisin*
a maçã   *la pomme*
a laranja   *l'orange*
a mexerica   *la mandarine*
o melão   *le melon*
a melancia   *la pastèque*
o morango   *la fraise*
o figo   *la figue*
o grapefruit   *le pamplemousse*
a groselha   *la groseille*
a framboesa   *la framboise*
a amora   *la mûre*
a cereja   *la cerise*
o pêssego   *la pêche*
a pêra   *la poire*
o damasco   *l'abricot*
as amêndoas   *les amandes*
a tâmara   *la datte*
a ameixa   *la prune*
o caroço   *le noyau*

* * *

uma bebida   *une boisson*
uma pedra de gelo   *un glaçon*

3.500 PALAVRAS EM FRANCÊS

a água   *l'eau*
a água mineral   *l'eau minérale*
um suco de fruta   *un jus de fruit*
um refrigerante   *un soda*
um vinho   *un vin*
um champanhe   *un champagne*
uma cerveja   *une bière*
uma cidra   *un cidre*
uma limonada   *une citronnade*
uma laranjada   *une orangeade*
uma bebida alcoólica   *une boisson alcoolisée*
uma bebida não alcoólica   *une boisson non alcoolisée*
um licor   *une liqueur*
um conhaque   *un cognac*
um gim   *un gin*
um vinho de Porto   *un porto*
um uísque   *un whisky*
o leite   *le lait*
o café   *le café*
o chá   *le thé*
o chocolate   *le chocolat*

* * *

o sal   *le sel*
a pimenta   *le poivre*
a mostarda   *la moutarde*
o vinagre   *le vinaigre*
o óleo   *l'huile*
o molho   *la sauce*
a manteiga   *le beurre*
o creme   *la crème*
a margarina   *la margarine*
o pão   *le pain*

FÉRIAS VACANCES

um filão   *une miche*
um pão de forma   *un pain en tranches*
um pãozinho   *un petit pain*
uma fatia, um pedaço   *une tranche*
as migalhas   *les miettes*
a massa   *les nouilles*
a farinha   *la farine*
um ovo   *un oeuf*
um bolo   *un gâteau*
uma torta   *une tarte*
um bolo inglês   *un cake*
uma rosquinha   *un beignet*
uma bomba   *un éclair*
um bolinho   *un petit gâteau*
um rocambole   *un gâteau roulé*
uma omelete   *une omelette*
o queijo   *le fromage*
uma bolacha   *un biscuit*
batatas fritas   *des pommes frites*
uma sopa   *une soupe*
um caldo   *un bouillon*
os temperos   *les épices*
o alho   *l'ail*
a cebolinha   *le persil*
um sanduíche   *un sandwich*
o lanche   *le goûter*
o sorvete   *la glace*
a geléia   *la confiture*
a sede   *la soif*
a fome   *la faim*
um regime   *un régime*

* * *

3.500 PALAVRAS EM FRANCÊS

frito *frit*
cozido *bouilli*
mal passado *bien saignant*
pouco passado *saignant*
ao ponto *à point*
bem passado *bien cuit*
assado *rôti*
grelhado *grillé*
cru *cru*
gostoso *savoureux*
delicioso *délicieux*
bom *bon*
ruim *mauvais*
macio *tendre*
duro *dur*
maduro *mûr*
saudável *sain*
doce *doux*
amargo *amer*
azedo *aigre*
fresco *frais*
podre *pourri*
gorduroso *gras*

* * *

cozinhar *cuisiner*
ferver *bouillir*
fritar *frire*
assar *rôtir*
grelhar *griller*
preparar *préparer*
cortar *couper*
descascar *éplucher*
queimar *brûler*

FÉRIAS VACANCES

comer *manger*
experimentar *goûter*
mastigar *mâcher*
engolir *avaler*
gostar *aimer*
digerir *digérer*
beber *boire*
bebericar *siroter*
estar com fome *avoir faim*
estar com sede *avoir soif*
morrer de fome *mourir de faim*
engordar *grossir*
emagrecer *maigrir*
servir *servir*
servir-se *se servir*

COMPRAS
ACHATS

um shopping center   *un centre commercial*
uma loja   *un magasin, une boutique*
um grande magazine   *un grand magasin*
a drogaria   *la pharmacie*
a joalheria   *la bijouterie*
a padaria   *la boulangerie*
o açougue   *la boucherie*
a papelaria   *la papeterie*
a mercearia   *l'épicerie*
a loja de ferragens   *la quincaillerie*
a livraria   *la librairie*
o supermercado   *le supermarché*
a confeitaria   *la confiserie*
a lavanderia   *la blanchisserie*
uma loja de roupas   *une boutique de vêtements*
a tabacaria   *le tabac*
a floricultura   *la boutique de fleurs*
uma loja de discos   *un magasin de disques*
o cabeleireiro   *le coiffeur*
o barbeiro   *le coiffeur pour hommes*
o chaveiro   *le serrurier*
o sapateiro   *le cordonnier*
o encanador   *le plombier*
o pintor   *le peintre*
o eletricista   *l' électricien*
o marceneiro   *le menuisier*

* * *

COMPRAS ACHATS

o balcão *le comptoir*
a vitrine *la vitrine*
a exposição *l'étalage*
a caixa *la caisse*
a mercadoria *la marchandise*
um produto *un produit*
um artigo *un article*
uma liquidação *un solde*
uma pechincha *une occasion*
um vendedor *un vendeur*
uma vendedora *une vendeuse*
um comerciante *un commerçant*
um freguês *un client*
o dinheiro *l'argent*
uma nota *un billet de banque*
uma moeda *une pièce*
o troco *la monnaie*
um talão de cheque *un carnet de chèques*
um cheque *un chèque*
um cartão de crédito *un carton de crédit*
um pacote *un paquet*
um saco de compras *un sac*

* * *

comprar *acheter*
vender *vendre*
escolher *choisir*
mostrar *montrer*
atender *servir*
encomendar *commander*
entregar *livrer*
embrulhar *envelopper*
pesar *peser*

Roupas   Vêtements

uma meia   *une chaussette*
meias de mulher   *des bas*
uma meia-calça   *un collant*
um chinelo   *une pantoufle*
um sapato   *une chaussure*
uma bota   *une botte*
um tênis   *un tennis*
as sandálias   *les sandales*
a ponta   *la pointe*
a biqueira   *le bout*
os laços   *les lacets*
os ilhoses   *les trous de lacet*
a lingüeta   *la languette*
as costuras   *les coutures*
o salto   *le talon*
a sola   *la semelle*
a roupa de baixo   *les sous-vêtements*
uma cueca   *un slip (homme)*
uma calcinha   *un slip (femme)*
um sutiã   *un soutien-gorge*
uma camiseta   *un t-shirt*
uma calça   *un pantalon*
um bolso   *une poche*
a braguilha   *la braguette*
a prega   *le pli*
um cinto   *la ceinture*
a fivela   *la boucle*
os suspensórios   *les bretelles*
uma saia   *une jupe*
um vestido   *une robe*
uma camisa   *une chemise*
o punho   *la manchette*

COMPRAS ACHATS

uma gravata   *une cravate*
uma gravata borboleta   *un nœud papillon*
um terno   *un costume*
uma blusa   *un chemisier*
uma malha   *un pull*
a gola   *le col*
um cachecol   *une écharpe*
um lenço de pescoço   *le foulard*
um lenço de nariz   *un mouchoir*
o colete   *le gilet*
o botão   *le bouton*
a casa de botão   *la boutonnière*
um zíper   *une fermeture à glissière*
um macacão   *une salopette*
um avental   *un tablier*
o casaco   *le manteau*
o casaco de pele   *le manteau de fourrure*
o paletó   *la veste*
a capa de chuva   *l'imperméable*
o chapéu   *le chapeau*
o chapéu coco   *le chapeau melon*
um boné   *une casquette*
uma boina   *un béret*
as luvas   *les gants*
o pijama   *le pyjama*
a camisola   *la chemise de nuit*
o roupão   *la robe de chambre*
a roupa de banho   *le maillot de bain*
as mangas   *les manches*
o colarinho   *le col*
uma costura   *la couture*
uma bainha   *l'ourlet*
o forro   *la doublure*

um tecido *un tissu*
o tamanho *la taille*
o algodão *le coton*
a lã *la laine*
a seda *la soie*
o linho *le lin*
o bordado *la broderie*
a renda *la dentelle*
a linha *le fil*
um dedal *un dé*
um carretel *une bobine*
uma agulha *une aiguille*
um alfinete *une épingle*
uma tesoura *des ciseaux*

* * *

grande *grand*
pequeno *petit*
apertado *serré*
estreito *étroit*
largo *ample*
curto *court*
comprido *long*
elegante *élégant*
na moda *à la mode*
clássico *classique*
moderno *moderne*
atualizado *actuel*
desatualizado *démodé*
estampado *imprimé*
liso *uni*
listrado *rayé*
manchado *tâché*

COMPRAS ACHATS

rasgado *déchiré*
pregueado, franzido *plissé*

* * *

vestir *porter*
vestir-se *s'habiller*
tirar a roupa, despir-se *se déshabiller*
pôr *mettre*
experimentar *essayer*
estar do tamanho certo *être à la taille*
ficar bem *aller*
lavar *laver*
encolher *rétrécir*
passar *repasser*
rasgar *déchirer*
furar *trouer*
costurar *coudre*
abainhar *ourler*
remendar *repriser*
pregar *piquer*
tingir *teindre*

Som *Hi-Fi*

um disco *un disque*
uma fita *une bande*
um compact-disco *un disque compact*
a música *la musique*
a melodia *la mélodie*
uma canção *une chanson*
um sucesso *un tube*
o compositor *le compositeur*
um cantor *un chanteur*
a voz *la voix*
o regente *le chef d'orchestre*

o coro   *le choeur*
uma orquestra   *un orchestre*
um grupo   *un groupe*
um músico   *un musicien*
um piano   *un piano*
um violino   *un violon*
a trombeta   *la trompette*
a flauta   *la flûte*
o saxofone   *le saxophone*
o violão   *la guitare*
o contrabaixo   *la contrebasse*
a trompa   *la trompe*
o tambor   *le tambour*
a bateria   *la batterie*
um tocador   *un joueur*
um toca-discos   *un tourne-disque*
o sintonizador   *le tuner*
o amplificador   *l'amplificateur*
um toca-fitas   *une platine à cassette*
um gravador   *un magnétophone*
um aparelho de som   *une chaîne hi-fi*

* * *

lento   *lent*
rápido   *rapide*
quente   *vibrant*
agradável   *agréable*

* * *

escutar   *écouter*
tocar   *jouer, passer*
gravar   *enregistrer*

Livros *Livres*

um livro *un livre*
um livro de bolso *un livre de poche*
um dicionário *un dictionnaire*
um atlas *un atlas*
um romance *un roman*
o título *le titre*
o escritor *l'écrivain*
um poeta *un poète*
o editor *l'éditeur*
uma crítica *une critique*
um crítico *un critique*
um conto *une nouvelle*
uma história ,um conto *un conte*
a ficção *la fiction*
a não-ficção *la non-fiction*
a poesia *la poésie*
uma tradução *une traduction*
a capa *la couverture*
a sobrecapa *la jaquette*
a orelha *le prière d'insérer*
a encadernação *la reliure*
a lombada *le dos*
um capítulo *un chapitre*
uma letra minúscula *une minuscule*
uma letra maiúscula *une majuscule*
uma página *une page*
um parágrafo *un paragraphe*
a margem *la marge*
o espaçamento *l'espacement*
a linha *la ligne*
a palavra *le mot*
a impressão *l'impression*

a trama   *l'intrigue*
um personagem   *un personnage*
o estilo   *le style*
uma obra prima   *un chef-d'oeuvre*
capa-dura   *reliure cartonnée*

* * *

grosso   *épais*
esgotado   *épuisé*
interessante   *intéressant*
engraçado   *drôle*
triste   *triste*
dramático   *dramatique*
chato   *ennuyeux*
emocionante   *émouvant*

* * *

ler   *lire*
escrever   *écrire*
descrever   *décrire*
contar   *raconter*

Tabaco   *Tabac*

um cigarro   *une cigarette*
o filtro   *le filtre*
um maço   *un paquet*
uma caixa   *une cartouche*
a marca   *la marque*
um charuto   *un cigare*
um corta-charutos   *un coupe-cigares*
um cachimbo   *une pipe*
o fornilho   *le fourneau*
o tubo   *le tuyau*
a boquilha   *l'embouchure*
o raspador de cachimbo   *le nettoie pipe*

COMPRAS   ACHATS

a piteira   *le fume cigarette*
os fósforos   *les allumettes*
o isqueiro   *le briquet*
a pedra   *la pierre*
o cinzeiro   *le cendrier*
a fumaça   *la fumée*

* * *

fumar   *fumer*
acender   *allumer*
apagar   *éteindre*

Lavanderia   *Blanchisserie*

a limpeza a seco   *le nettoyage à sec*
a máquina de lavar   *la machine à laver*
a máquina de secar   *le séchoir*
o sabão em pó   *le savon en poudre*
uma mancha   *une tâche*
a goma   *l'amidon*
o ferro de passar   *le fer à repasser*

* * *

molhado   *mouillé*
seco   *sec*
passado   *repassé*
amarrotado   *froissé*

* * *

lavar   *laver*
limpar   *nettoyer*
secar   *sécher*
passar   *repasser*
molhar   *mouiller*
encharcar   *tremper*
engomar   *amidonner*

Fotografia *Photographie*

a máquina fotográfica *l'appareil photo*
o estojo *l'étui*
a correia *la courroie*
o tripé *le trépied*
o flash *le flash*
o fotômetro *la cellule*
o telêmetro *le télémètre*
o visor *le viseur*
o obturador *l'obturateur*
o disparador *le déclencheur*
o disparador automático *le retardateur de déclenchement*
o dispositivo de tempo de exposição *le bouton des vitesses*
o sincronizador *le synchroniseur*
o regulador de diafragma *la bague de diaphragme*
a chave de inversão *le levier d'inversion*
a lente *l'objectif*
o anel *la bague*
o diafragma *le diaphragme*
o fole *le soufflet*
a focalização *la mise au point*
a alavanca *le levier*
o botão *le bouton*
a câmera *la caméra*
um filme *un film*
um slide *une diapositive*
preto e branco *noir et blanc*
um rolo *un rouleau*
o carretel *la bobine*
o tamanho *la taille*

COMPRAS ACHATS

um negativo   *un négatif*
uma ampliação   *un agrandissement*
uma revelação   *un développement*
uma cópia   *une épreuve*
uma fotografia   *une photographie*
um aparelho de vídeo   *un vidéo enregistreur*
uma fita de vídeo   *une bande vidéo*

* * *

ampliar   *agrandir*
revelar   *développer*
fotografar   *photographier*

Jóias *Bijoux*

um relógio   *une montre*
um colar   *un collier*
um pingente   *un pendentif*
um medalhão   *un médaillon*
um brinco   *une boucle d'oreille*
um anel   *une bague*
uma aliança   *une alliance*
uma pulseira, um bracelete   *un bracelet*
um broche   *une broche*
uma abotoadura   *un bouton de manchette*
uma pedra preciosa   *une pierre précieuse*
um diamante   *un diamant*
uma esmeralda   *une émeraude*
um rubi   *un rubis*
uma safira   *un saphir*
a prata   *l'argent*
o ouro   *l'or*
uma pérola   *une perle*
o joalheiro   *le joaillier*

* * *

lapidar   *tailler*
avaliar   *évaluer*

Correio e Telefone
Poste et Téléphone

uma caixa de correio   *la boîte aux lettres*
uma carta   *une lettre*
um cartão postal   *une carte postale*
um envelope   *une enveloppe*
a aba   *le rabat*
a borda   *le bord*
o papel   *le papier*
o cabeçalho   *l'en-tête*
um selo   *un timbre*
a franquia   *l'affranchissement*
o endereço   *l'adresse*
um telegrama   *un télégramme*
um pacote   *un paquet*
o carteiro   *le facteur*
o correio   *le courrier, la poste*
um vale postal   *un mandat*
o recolhimento   *le ramassage*
a distribuição   *la distribution*
o telefone   *le téléphone*
o gancho   *le support*
o receptor   *l'écouteur*
o transmissor   *le transmetteur*
o disco   *le cadran*
a cabine telefônica   *la cabine téléphonique*
uma chamada, uma ligação   *un appel*
o número   *le numéro*
o código   *le code*
a linha   *la ligne*

COMPRAS ACHATS

a lista telefônica *l'annuaire*
uma resposta *une réponse*

* * *

registrado *enregistré*
ocupado *occupé*
livre *libre*
interurbano *interurbain*
local *local*
a cobrar *en PCV*

* * *

mandar *envoyer*
postar *poster*
receber *recevoir*
recolher *ramasser*
entregar *distribuer*
telefonar *téléphoner*
ligar, chamar *appeler*
discar *composer*
responder *répondre*
desligar *raccrocher*
tocar *sonner*

Supermercado *Supermarché*

uma lata *une boîte*
uma garrafa *une bouteille*
uma caixa *une boîte, une caisse*
um pacote *un paquet*
as frutas *les fruits*
os legumes *les légumes*
as carnes *les viandes*
os laticínios *la crémerie*
os produtos de limpeza *les produits d'entretien*

Papelaria Papeterie

o papel *le papier*
o papel de embrulho *le papier d'emballage*
um caderno *un cahier*
um bloco de papel *un bloc*
uma folha *une feuille*
um envelope *une enveloppe*
a caneta esferográfica *le stylo bille*
uma caneta-tinteiro *le stylo plume*
uma carga *une recharge*
um lápis *un crayon*
uma lapiseira *une trousse*
um apontador (de lápis) *un taille-crayon*
uma régua *une règle*
a tinta *l'encre*
o mata-borrão *le buvard*
uma borracha *la gomme*
a cola *la colle*
os percevejos *les punaises*
os clipes *les trombones*
a tesoura *les ciseaux*
um grampo *une agrafe*
um grampeador *une agrafeuse*
um carimbo *un tampon*

Drogaria Pharmacie

o farmacêutico *le pharmacien*
a receita *l'ordonnance*
o medicamento *le médicament*
a pomada *la pommade*
os comprimidos *les comprimés*
as pastilhas *les pastilles*
o esparadrapo *le sparadrap*

o algodão   *le coton*
a gaze   *la gaze*
a atadura   *le bandage*
um creme   *une crème*
uma loção   *une lotion*
o perfume   *le parfum*
um desodorante   *un déodorant*
o creme de barbear   *la crème à raser*
um barbeador   *un rasoir*
uma lâmina   *une lame*
a pasta de dente   *le dentifrice*
a escova de dente   *une brosse à dent*
a escova   *la brosse*
o pente   *le peigne*
a lixa   *la lime*
a maquilagem   *le maquillage*
o batom   *le rouge à lèvre*
o esmalte   *le vernis à ongle*
um grampo de cabelo   *une épingle à cheveux*
um creme de bronzear   *une crème solaire*
um sabão   *un savon*

Ferragens   *Quincaillerie*

uma ferramenta   *un outil*
um martelo   *un marteau*
a enxada   *la houe*
a picareta   *la pioche*
uma furadeira   *une perceuse*
uma broca   *un vilebrequin*
um trado   *une vrille*
uma plaina   *un rabot*
uma chave de fenda   *un tournevis*
uma chave de parafusos   *une clé*

3.500 PALAVRAS EM FRANCÊS

um alicate   *une pince*
uma lima   *une lime*
um buril   *un burin*
a tinta   *la peinture*
um revólver de tinta   *un pistolet à peinture*
uma lata   *un pot*
um tubo   *un tube*
um pincel, uma broxa   *un pinceau*
um cavalete   *un chevalet*
uma paleta   *une palette*
uma raspadeira   *un racloir*
um prego   *un clou*
um parafuso   *une vis*
uma porca   *un écrou*
uma cavilha   *un boulon*
o filete de rosca   *le filetage*
a cabeça   *la tête*
uma borboleta   *un écrou papillon*
uma arruela   *une rondelle*
uma pá   *une pelle*
uma trolha   *une truelle*
uma serra   *une scie*
uma escada   *une échelle*
uma mangueira   *un tuyau*
um regador   *un arrosoir*
um balde   *un seau*
uma vassoura   *un balai*

Flores   *Fleurs*

um buquê   *un bouquet*
a pétala   *le pétale*
o caule   *la tige*
o espinho   *l'épine*

COMPRAS ACHATS

o broto *le bourgeon*
uma orquídea *une orchidée*
uma rosa *une rose*
uma margarida *une marguerite*
uma tulipa *une tulipe*
um cravo *un oeillet*
um junquilho *une jonquille*
um lilás *un lilas*
um lírio *un lis*
o aroma *la senteur*

* * *

florescer *fleurir*
murchar *se faner*

NA PRAIA
À LA PLAGE

a praia   *la plage*
a areia   *le sable*
um seixo   *un galet*
a duna   *la dune*
o mar   *la mer*
o oceano   *l'océan*
a costa   *la côte*
uma península   *une péninsule*
uma baía   *une baie*
um banco de areia   *un banc de sable*
um estuário   *un estuaire*
a ressaca   *le ressac*
uma lagoa   *une lagune*
a areia movediça   *les sables mouvants*
a onda   *la vague*
a maré   *la marée*
um rio   *une rivière, un fleuve*
a margem   *la berge*
uma cachoeira   *une cascade*
a roupa de banho   *le maillot de bain*
a toalha   *la serviette*
a esteira   *la natte*
o guarda-sol   *le parasol*
a cadeira de praia   *la chaise longue*
os óculos de sol   *les lunettes de soleil*
um chapéu   *un chapeau*
a concha   *le coquillage*
o balde   *le seau*
a pá   *la pelle*

NA PRAIA À LA PLAGE

o castelo de areia   *le château de sable*
o veleiro   *le voilier*
a cabina   *la cabine*
o leme   *la barre, le gouvernail*
a quilha   *la quille*
o mastro   *le mât*
a vela   *la voile*
a lancha   *le canot à moteur*
o motor de popa   *le moteur hors-bord*
uma canoa   *un canoë*
um remo   *une rame*
uma bóia   *une bouée*
um peixe   *un poisson*
a pesca   *la pêche*
a rede   *le filet*
a vara de pescar   *la canne à pêche*
a linha de pescar   *la ligne*
um anzol   *un hameçon*
o esqui aquático   *le ski nautique*
a prancha de surfe   *la planche de surf*
a roupa de mergulho   *la tenue de plongée*

* * *

limpo   *propre*
sujo   *sale*
transparente   *transparent*
turvo   *trouble*
poluída   *pollué*

* * *

nadar   *nager*
jogar   *jouer*
tomar banho   *se baigner*
mergulhar   *plonger*
bronzear   *bronzer*

3.500 PALAVRAS EM FRANCÊS

pular *sauter*
pescar *pêcher*
pegar *attraper*

NA MONTANHA
À LA MONTAGNE

a montanha   *la montagne*
a vertente, a encosta   *le versant*
uma saliência   *une saillie*
uma falha   *une crevasse*
um pico   *un pic*
a crista   *la crête*
uma serra   *une chaîne de montagnes*
um maciço   *un massif*
a escarpa   *l'escarpement*
um penhasco   *une falaise*
um precipício   *un précipice*
uma passagem   *un passage*
uma cratera   *un cratère*
um vulcão   *un volcan*
uma trilha   *un sentier*
o cume   *le sommet*
a neve   *la neige*
o gelo   *la glace*
a geleira   *le glacier*
um alpinista   *un alpiniste*
um esquiador   *un skieur*
um patinador   *un patineur*
um trenó   *un traîneau*
um esqui   *un ski*
um bastão   *un bâton*
um patim   *un patin*
uma pista de patinação   *une patinoire*
um teleférico   *un téléphérique*
o elevador de esqui   *le "tire-fesses"*

49

um chalé   un chalet
uma estação de esqui   une station de ski
um abrigo   un abri

***

alto   haut
baixo   bas
frio   froid
gelado   gelé
glacial   glacial
para cima   en haut
para baixo   en bas

***

deslizar   glisser
escorregar   glisser
saltar   sauter
esquiar   skier
patinar   patiner
esquentar   s'échauffer
cair   tomber
levantar   se lever
gear   se couvrir de givre
gelar   geler
derreter   fondre

NA RUA
DANS LA RUE

uma rua   *une rue*
uma avenida   *une avenue*
uma praça   *une place*
a calçada   *le trottoir*
a borda   *le bord*
a sarjeta   *le caniveau*
um bueiro   *une bouche d'égout*
o esgoto   *les égouts*
o trânsito   *la circulation*
a poluição   *la pollution*
um engarrafamento   *un embouteillage*
o sinal luminoso   *le feu*
os sinais de trânsito   *les panneaux de circulation*
um túnel   *un tunnel*
um cruzamento   *un croisement*
a faixa de pedestres   *le passage clouté*
a multidão   *la foule*
um pedestre   *un piéton*
um policial   *un agent de police*
um carro   *une voiture*
um ônibus   *un autobus*
uma caminhonete   *une camionnette*
um caminhão   *un camion*
uma motocicleta   *une motocyclette*
uma mobilete   *un cyclomoteur*
uma bicicleta   *une bicyclette*
um poste de luz   *un réverbère*

uma lata de lixo   *une boîte à ordures, une poubelle*
um cartaz   *une affiche*
um edifício   *un immeuble*
um arranha-céu   *un gratte-ciel*
uma casa   *une maison*
as lojas   *les magasins*
os monumentos   *les monuments*
um museu   *un musée*
uma igreja   *une église*
uma catedral   *une cathédrale*
uma escola   *une école*
uma universidade   *une université*
o correio   *la poste*
uma caixa de correio   *une boîte aux lettres*
uma cabine telefônica   *une cabine téléphonique*
um posto de gasolina   *une station-service*
um cinema   *un cinéma*
um teatro   *un théâtre*
um grande magazine   *un grand magasin*
um hospital   *un hôpital*
uma banca de jornal   *un kiosque à journaux*
um parque   *un parc*
uma biblioteca   *une bibliothèque*
um bar   *un bar*
um boteco   *un café*
um restaurante   *un restaurant*
uma boate   *une boîte de nuit*
o hotel   *l'hôtel*
um banco   *une banque*
um escritório   *un bureau*
uma agência   *une agence*

NA RUA DANS LA RUE

uma estação de metrô *une station de métro*
um ponto de ônibus *un arrêt de bus*
o centro *le centre ville*
o subúrbio *la banlieue*
o bairro *le quartier*
um cortiço *un taudis*
uma favela *un bidonville*

* * *

barulhento *bruyant*
tranqüilo *tranquille*
impressionante *impressionnant*
animado *animé*
charmoso *charmant*
perigoso *dangereux*
seguro *sûr*
agradável *plaisant*
histórico *historique*

* * *

andar *marcher*
estar com pressa *être pressé*
visitar *visiter*
atravessar *traverser*
parar *s'arrêter*
construir *construire*
demolir *démolir*
proibir *interdire*
sujar *salir*
passear *se promener*

Diversões *Divertissements*

o cinema *le cinéma*
a bilheteria *le guichet*
um filme *un film*

a estrela   *la vedette*
um ator   *un acteur*
uma atriz   *une actrice*
o dublê   *le cascadeur*
o diretor   *le metteur en scène*
o roteirista   *le scénariste*
o roteiro   *le scénario*
a trama   *l'intrigue*
um papel   *un rôle*
a música   *la musique*
um filme de faroeste   *un western*
uma comédia   *une comédie*
um drama   *un drame*
um policial   *un policier*
um filme de terror   *un film d'épouvante*
um musical   *une comédie musicale*
um documentário   *un documentaire*
um desenho   *un dessin animé*
a dublagem   *le doublage*
as legendas   *les sous-titres*
a propaganda   *la publicité*
a tela   *l'écran*
o lugar   *le siège*
a espetáculo   *le spectacle*
a ribalta   *les feux de la rampe*
o cenário   *le décor*
a platéia   *l'orchestre*
uma fileira   *une rangée*
a cortina   *le rideau*
o palco   *la scène*
o teatro   *le théâtre*
uma peça   *une pièce*
o autor   *l'auteur*

NA RUA DANS LA RUE

o ensaio   *la répétition*
os bastidores   *les coulisses*
um camarim   *une loge*
o ponto   *le souffleur*
um camarote   *une loge*
o intervalo   *l'entracte*
um sucesso   *un succès*
um fracasso   *un échec*
o ópera   *l'opéra*
o cantor   *le chanteur*
o balé   *le ballet*
a dança   *la danse*
um bailarino   *un danseur*
um concerto   *un concert*
a sala de concerto   *la salle de concert*
a orquestra   *l'orchestre*
o regente   *le chef d'orchestre*
o músico   *le musicien*

* * *

emocionante   *émouvant*
chato   *ennuyeux*
divertido   *divertissant*
engraçado   *drôle*
agradável   *agréable*
famoso   *fameux*
ao vivo   *en direct*

* * *

representar   *jouer, interpréter*
aplaudir   *applaudir*
ver   *voir*
gostar   *aimer*
empolgar   *faire vibrer*

NO CAMPO
À LA CAMPAGNE

o campo   *la campagne*
uma aldeia   *un village*
uma vila   *un bourg*
a igreja   *l'église*
o campanário   *le clocher*
um pára-raios   *un paratonnerre*
o sino   *la cloche*
o pastor   *le pasteur*
o pároco   *le curé*
a praça   *la place*
o chafariz   *la fontaine*
a prefeitura   *la mairie*
o prefeito   *le maire*
uma fazenda   *une ferme*
um celeiro   *une grange*
um galpão   *un hangar*
um portão   *un portail*
uma ripa   *une latte*
um pilar   *un pilier*
um fazendeiro   *un fermier*
um camponês   *un paysan*
um lavrador   *un laboureur*
uma cerca   *une haie*
um campo   *un champ*
um poço   *un puits*
uma bomba d'água   *une pompe à eau*

* * *

um fertilizante   *un fertilisant*
a semente   *la graine*

NO CAMPO À LA CAMPAGNE

um grão   *un grain*
um trator   *un tracteur*
um arado   *une charrue*
um gadanho   *une faux*
um forcado   *une fourche*
um ancinho   *un râteau*
o solo   *le sol*
a safra   *la moisson*
a colheita   *la récolte*
um feixe   *une gerbe*
o trigo   *le blé*
o milho   *le maïs*
o algodão   *le coton*
a soja   *le soja*
o feijão   *le haricot*
a cana de açúcar   *la canne à sucre*
a cevada   *l'orge*
o lúpulo   *le houblon*
a aveia   *l'avoine*
a grama   *l'herbe*

Pomar   Verger

uma macieira   *un pommier*
uma ameixeira   *un prunier*
uma cerejeira   *un cerisier*
uma figueira   *un figuier*
um pessegueiro   *un pêcher*
uma laranjeira   *un oranger*
um limoeiro   *un citronnier*
uma bananeira   *un bananier*
um prado   *un pré*
a palha   *la paille*
o feno   *le foin*

Floresta **Forêt**

um rio *une rivière, un fleuve*
um lago *un étang*
o orvalho *la rosée*
um charco *une mare*
uma flor *une fleur*
um cogumelo *un champignon*
o musgo *la mousse*
um bosque *un bois*
uma árvore *un arbre*
um galho *une branche*
uma folha *une feuille*
o tronco *le tronc*
a casca *l'écorce*
a seiva *la sève*
a raiz *la racine*
o carvalho *le chêne*
a nogueira *le noyer*
um abeto *un sapin*
um pinho *un pin*
um freixo *un frêne*
um castanheiro *un marronnier*
um salgueiro *un saule*
um chorão *un saule pleureur*
um eucalipto *un eucalyptus*
uma moita *un buisson*
uma clareira *une clairière*
uma trepadeira *un lierre*
uma palmeira *un palmier*
um cipó *une liane*

* * *

puro *pur*
natural *naturel*

NO CAMPO **À LA CAMPAGNE**

bonito *joli*
fértil *fertile*
estéril *stérile*
seco *sec*
úmido *humide*
silencioso *silencieux*
cultivável *cultivable*
solitário *solitaire*
isolado *isolé*
doce *doux*

* * *

cultivar *cultiver*
semear *semer*
lavrar *labourer*
irrigar *irriguer*
colher *récolter*
ceifar *moissonner*
debulhar *battre*
engavelar *mettre en gerbe*
afiar *aiguiser*

Tempo e Estações
Temps et Saisons

o tempo *le temps*
um segundo *une seconde*
um minuto *une minute*
uma hora *une heure*
uma meia hora *une demie heure*
um relógio *une montre, une pendule, une horloge*
o ponteiro *l'aiguille*
o mostrador *le cadran*
a coroa *le remontoir*

um despertador   un réveil
uma ampulheta   un sablier
a manhã   le matin
a tarde   l'après-midi
o começo   le commencement
o fim   la fin
o fim da tarde, começo da noite   le soir
a noite   la nuit
um dia   un jour
hoje   aujourd'hui
amanhã   demain
ontem   hier
segunda-feira   lundi
terça-feira   mardi
quarta-feira   mercredi
quinta-feira   jeudi
sexta-feira   vendredi
sábado   samedi
domingo   dimanche
uma semana   une semaine
um fim de semana   un week-end
quinze dias   une quinzaine
um mês   un mois
janeiro   janvier
fevereiro   février
março   mars
abril   avril
maio   mai
junho   juin
julho   juillet
agosto   août
setembro   septembre
outubro   octobre

NO CAMPO À LA CAMPAGNE

novembro *novembre*
dezembro *décembre*
a estação *la saison*
a primavera *le printemps*
o verão *l'été*
o outono *l'automne*
o inverno *l'hiver*
o calendário *le calendrier*
o tempo *le temps*
a chuva *la pluie*
a neve *la neige*
uma nuvem *un nuage*
a neblina *la brume*
a nebulosidade *la nébulosité*
o sol *le soleil*
uma tempestade *une tempête*
o frio *le froid*
o calor *la chaleur*
o gelo *la glace*
uma geada *une gelée*
um arco-íris *un arc-en-ciel*

* * *

cedo *tôt*
tarde *tard*
próximo *prochain*
quente *chaud*
frio *froid*
gelado *gelé*
nublado *nuageux*

* * *

começar *commencer*
acabar *terminer, finir*
brilhar *briller*

chover *pleuvoir*
nevar *neiger*
gear *geler, se couvrir de givre*
gelar *geler*

Animais Animaux

o galinheiro *le poulailler*
uma galinha *une poule*
o bico *le bec*
um galo *un coq*
um pinto *un poussin*
uma pomba *une colombe*
um pato *un canard*
um ganso *une oie*
um pavão *un paon*
um cisne *un cygne*
um peru *une dinde*
a pena *la plume*
a penugem *le duvet*
a cavalariça *l'écurie*
um cavalo *un cheval*
uma égua *une jument*
um garanhão *un étalon*
um potro *un poulain*
o casco *le sabot*
a crina *la crinière*
o rabo *la queue*
a pastagem *le pâturage*
o estábulo *l'étable*
o gado *le bétail*
a vaca *la vache*
o touro *le taureau*
o boi *le boeuf*

NO CAMPO À LA CAMPAGNE

o bezerro *le veau*
o chifre *la corne*
o couro *le cuir*
a pocilga *la porcherie*
um porco *un cochon, un porc*
uma porca *une truie*
um porquinho *un cochonnet*
um carneiro *un mouton*
um carneiro macho *un bélier*
uma ovelha *une brebis*
o cordeiro *l'agneau*
a cabra *la chèvre*
o bode *le bouc*
o cabrito *le chevreau*
o rebanho *le troupeau*
o canil *le chenil*
um bicho de estimação *un animal de compagnie*
o cachorro *le chien*
o gato *le chat*

* * *

criar *élever*
mugir *mugir*
latir *aboyer*
cacarejar *caqueter*
relinchar *hennir*
alimentar *nourrir*

Animais Selvagens
Animaux Sauvages

um macaco *un singe*
o pelo *le poil*
um tigre *un tigre*

um leão   un lion
a pata   la patte
a garra   la griffe, la serre
a toca   la tanière
uma onça   une panthère
um elefante   un éléphant
a tromba   la trompe
a presa   la défense
um gorila   un gorille
um crocodilo   un crocodile
uma girafa   une girafe
um urso   un ours
uma raposa   un renard
um lobo   un loup
um camelo   un chameau
um cervo   un cerf
uma corça   une biche
um veado   un daim, un cerf
uma camurça   un chamois
uma lebre   un lièvre
um coelho   un lapin
um ouriço   un hérisson
um esquilo   un écureuil
uma lontra   une loutre
um castor   un castor
um canguru   un kangourou
uma toupeira   une taupe
um rato   une souris
uma ratazana   un rat
uma cobra   un serpent
um pássaro   un oiseau
uma águia   un aigle
a garra   la serre

NO CAMPO À LA CAMPAGNE

um falcão *un faucon*
um abutre *un vautour*
um papagaio *un perroquet*
um beija-flor *un colibri, un oiseau-mouche*
uma coruja *une chouette, un hibou*
um avestruz *une autruche*
um rouxinol *un rossignol*
uma andorinha *une hirondelle*
um melro *un merle*
um corvo *un corbeau*
uma gaivota *une mouette*
um pardal *un moineau*
uma cegonha *une cigogne*
um pica-pau *un pivert*
um pingüim *un pingouin*
uma tartaruga *une tortue*
um sapo *un crapaud*
uma rã *une grenouille*
um lagarto *un lézard*
uma foca *un phoque*
uma baleia *une baleine*
um tubarão *un requin*
um golfinho *un dauphin*
uma nadadeira *une nageoire*
um polvo *un poulpe, une pieuvre*
uma água-viva *une méduse*
um peixe *un poisson*
uma escama *une écaille*
um caranguejo *un crabe*
um inseto *un insecte*
uma mosca *une mouche*
um mosquito *un moustique*
uma abelha *une abeille*

uma colméia   *une ruche*
uma borboleta   *un papillon*
uma mariposa   *un papillon de nuit*
uma traça   *une mite*
um besouro   *un scarabée*
uma formiga   *une fourmi*
uma barata   *un cafard*
uma aranha   *une araignée*
uma teia de aranha   *une toile d'araignée*
um gafanhoto   *une sauterelle*
um grilo   *un grillon*
uma lesma   *une limace*
uma libélula   *une libellule*
um percevejo   *une punaise*
uma joaninha   *une coccinelle*
uma pulga   *une puce*
um piolho   *un pou*
um carrapato   *une tique*

* * *

selvagem   *sauvage*
manso   *apprivoisé*
carnívoro   *carnivore*
herbívoro   *herbivore*
feroz   *féroce*
inofensivo   *inoffensif*
traiçoeiro   *traître*
livre   *libre*
útil   *utile*
nocivo   *nocif*
tímido   *craintif*
destemido   *sans peur*
peludo   *poilu*
pesado   *lourd*

NO CAMPO À LA CAMPAGNE

ágil *agile*
esperto *rusé*
peçonhento *venimeux*

caçar *chasser*
rapinar *faire sa proie de*
correr *courir*
pular *sauter*
voar *voler*
nadar *nager*
rastejar *ramper*
devorar *dévorer*
alimentar *nourrir*
espreitar *guetter*
entocar-se *se terrer*
engodar *leurrer*
morder *mordre*
picar, ferroar *piquer*
unhar *griffer*
rugir *rugir*
uivar *hurler*
gorjear *gazouiller*

NO TRABALHO
AU TRAVAIL

Na Escola   À l'École

uma escola   *une école*
um jardim de infância   *une école maternelle*
uma escola primária   *une école primaire*
uma escola secundária   *une école secondaire*
um externato   *un externat*
um pensionato   *un pensionnat*
um professor   *un professeur*
um aluno   *un élève*
a sala de aula   *la classe*
a lousa   *le tableau noir*
um giz   *une craie*
o pano   *le chiffon*
a esponja   *l'éponge*
a escrivaninha   *le bureau*
a mesa   *la table*
uma cadeira   *une chaise*
uma lição   *une leçon*
uma pergunta   *une question*
uma resposta   *une réponse*
uma opinião   *une opinion*
um exercício   *un exercice*
um exemplo   *un exemple*
um problema   *un problème*
o sentido   *le sens*
a solução   *la solution*
uma contradição   *une contradiction*
uma conclusão   *une conclusion*
um ditado   *une dictée*

68

NO TRABALHO AU TRAVAIL

a pontuação *la ponctuation*
um ponto *un point*
uma vírgula *une virgule*
um ponto de interrogação *un point d'interrogation*
um erro *une erreur*
uma prova *un test*
um exame *un examen*
uma nota *une note*

* * *

fácil *facile*
difícil *difficile*
bom *bon*
ruim *mauvais*
preguiçoso *paresseux*
trabalhador *travailleur*
distraído *distrait*
inteligente *intelligent*
estúpido *stupide*
compreensível *compréhensible*
ininteligível *inintelligible*
agitado *turbulent*
tranqüilo *tranquille*
obediente *obéissant*
desobediente *désobéissant*
falador *bavard*

* * *

entender *comprendre*
aprender *apprendre*
saber *savoir*
esquecer *oublier*
estudar *étudier*
significar *signifier*

concluir *conclure*
comentar *commenter*
perguntar *demander, poser une question*
responder *répondre*
resumir *résumer*
retomar, recomeçar *recommencer*
falar *parler*
escutar *écouter*
escrever *écrire*
copiar *copier*
repetir *répéter*

Números *Nombres*

um *un*
dois *deux*
três *trois*
quatro *quatre*
cinco *cinq*
seis *six*
sete *sept*
oito *huit*
nove *neuf*
dez *dix*
onze *onze*
doze *douze*
treze *treize*
catorze *quatorze*
quinze *quinze*
dezesseis *seize*
dezessete *dix-sept*
dezoito *dix-huit*
dezenove *dix-neuf*
vinte *vingt*

NO TRABALHO AU TRAVAIL

vinte e um   *vingt et un*
vinte e nove   *vingt-neuf*
trinta   *trente*
quarenta   *quarante*
cinqüenta   *cinquante*
sessenta   *soixante*
setenta   *soixante-dix*
oitenta   *quatre-vingts*
noventa   *quatre-vingt-dix*
cem   *cent*
cento e um   *cent un*
duzentos   *deux cents*
duzentos e um   *deux cent un*
trezentos   *trois cents*
quatrocentos   *quatre cents*
quinhentos   *cinq cents*
seiscentos   *six cents*
setecentos   *sept cents*
oitocentos   *huit cents*
novecentos   *neuf cents*
mil   *mille*
dois mil   *deux mille*
mil e um   *mille un*
mil e cem   *onze cents*
um milhão   *un million*
um bilhão   *un milliard*

* * *

o primeiro   *le premier*
o segundo   *le second, le deuxième*
o terceiro   *le troisième*
o quarto   *le quatrième*
o quinto   *le cinquième*
o sexto   *le sixième*

o sétimo *le septième*
o oitavo *le huitième*
o nono *le neuvième*
o décimo *le dixième*
o décimo primeiro *le onzième*
o décimo segundo *le douzième*
o décimo terceiro *le treizième*
o vigésimo *le vingtième*
o trigésimo *le trentième*
o centésimo *le centième*

* * *

contar *compter*
adicionar *additionner*
subtrair *soustraire*
multiplicar *multiplier*
dividir *diviser*

Negócios *Affaires*

um escritório *un bureau*
uma fábrica *une usine, une fabrique*
uma companhia *une compagnie*
uma firma *une firme*
um empregado *un employé*
o patrão *le patron*
um empresário *un entrepreneur*
uma recepcionista *une réceptionniste*
um trabalhador *un ouvrier*
um capataz *un contremaître*
uma secretária *une secrétaire*
um gerente *un gérant*
um contador *un comptable*
um executivo *un cadre*
um engenheiro *un ingénieur*

NO TRABALHO AU TRAVAIL

um advogado *un avocat*
um corretor *un courtier*
uma nota fiscal *une facture*
uma máquina de escrever *une machine à écrire*
um telex *un télex*
um computador *un ordinateur*
uma secretária eletrônica *un répondeur*
um telefone *un téléphone*
a venda *la vente*
um comprador *un acheteur*
um vendedor *un vendeur*
um produto *un produit*
um pedido *une commande*
a entrega *la livraison*
o entregador *le livreur*
um recibo *un reçu*
o orçamento *le budget*
a renda *le revenu*
as despesas *les dépenses*
o lucro *le profit*
a perda *la perte*
a recessão *la récession, la crise*
uma dívida *une dette*
uma prestação *un terme*
uma conta *un compte*
o salário *le salaire*
um aumento *une augmentation*
o sindicato *le syndicat*
o sindicalista *le syndicaliste*
a greve *la grève*
o desemprego *le chômage*
a aposentadoria *la retraite*

os impostos *les impôts*
a taxa de juro *le taux d'intérêt*
um empréstimo *un prêt*
um crédito *un crédit*
uma profissão *une profession, un métier*
um trabalho *un travail*
tempo integral *plein-temps*
tempo parcial *mi-temps*

* * *

lucrativo *lucratif*
bruto *brut*
líquido *net*
eficiente *efficient*
obsoleto *dépassé*
poderoso *puissant*
fraco *faible*
duro *dur*
fácil *facile*
perigoso *dangereux*
seguro *sûr*
arriscado *risqué*
hábil *adroit*
desajeitado *maladroit*

* * *

trabalhar *travailler*
ganhar dinheiro *gagner de l'argent*
instruir, formar *former*
empreender *entreprendre*
dirigir *diriger*
criar *créer*
crescer *croître*
investir *investir*
fazer um empréstimo *emprunter*

NO TRABALHO *AU TRAVAIL*

emprestar *prêter*
perder *perdre*
contratar *engager*
promover *promouvoir*
demitir-se *démissionner*
demitir *renvoyer*
fazer greve *faire grève*
poupar *épargner*
falir *faire faillite*

A MÍDIA
LES MEDIA

as notícias *les nouvelles*
a imprensa *la presse*
o rádio *la radio*
a televisão *la télévision*
um jornal *un journal*
uma revista *un magazine, une revue*
uma agência de notícias *une agence de presse*
um canal de televisão *une chaîne de télévision*
os títulos *les titres*
um artigo *un article*
uma entrevista *une entrevue, une interview*
uma fotografia *une photo*
uma reportagem *un reportage*
um furo *un scoop*
um editorial *un éditorial*
uma crítica *une critique*
os desenhos *les bandes dessinées*
os anúncios *les petites annonces*
a propaganda *la publicité*
uma seção *une section*
uma página *une page*
a primeira página *la une*
uma coluna *une colonne*
uma assinatura *un abonnement*
um jornalista *un journaliste*
um repórter *un reporter*
um fotógrafo *un photographe*

A MÍDIA LES MEDIA

um editor *un rédacteur*
um programa *un programme*
uma novela *un feuilleton*
um seriado *une série*
um comercial *un spot publicitaire*
uma televisão *une télévision*
a televisão a cabo *la télévision par câble*
uma antena *une antenne*
um rádio *une radio*
um produtor *un producteur*
o diretor *le réalisateur*
um locutor *le speaker*
um apresentador *le présentateur*
uma estrela *une vedette*

* * *

ao vivo *en direct*
gravado *enregistré*
confiável *confiable*
fiel *exact*
verdadeiro *vrai*
falso *faux*
sério *sérieux*
enganador *trompeur*
chato *ennuyeux*
difícil *difficile*
divertido *divertissant*
inacreditável *incroyable*
crítico *critique*
engraçado *drôle*

* * *

olhar *regarder*
escutar *écouter*
ler *lire*

escrever *écrire*
acreditar *croire*
comentar *commenter*
criticar *critiquer*
pesquisar *rechercher*
investigar *enquêter*
entrevistar *interviewer*
publicar *publier*
assinar *s'abonner*
imprimir *imprimer*
comunicar *communiquer*
emitir *émettre*
ligar *allumer*
desligar *éteindre*

A POLÍTICA
LA POLITIQUE

o país   *le pays*
o estado   *l'état*
uma sociedade   *une société*
o governo   *le gouvernement*
a constituição   *la constitution*
uma democracia   *une démocratie*
uma ditadura   *une dictature*
uma república   *une république*
uma monarquia   *une monarchie*
um império   *un empire*
o presidente   *le président*
o rei   *le roi*
a rainha   *la reine*
um ditador   *un dictateur*
um imperador   *un empereur*
um ministro   *un ministre*
um partido   *un parti*
um deputado   *un député*
um senador   *un sénateur*
o congresso   *le congrès*
uma minoria   *une minorité*
uma maioria   *une majorité*
o senado   *le sénat*
o parlamento   *le parlement, l'assemblée nationale*
um líder   *un meneur*
um estadista   *un homme d'Etat*
um porta-voz   *un porte-parole*
um político   *un politicien*

a confiança *la confiance*
uma lei *une loi*
uma eleição *une élection*
um eleitor *un électeur*
o eleitorado *l'électorat*
um cidadão *un citoyen*
um candidato *un candidat*
um discurso *un discours*
a esquerda *la gauche*
a direita *la droite*
um boletim de voto *un bulletin de vote*
uma pesquisa de opinião *un sondage*
o poder *le pouvoir*
a liberdade *la liberté*
a igualdade *l'égalité*
a desigualdade *l'inégalité*
a opressão *l'oppression*
o ódio *la haine*
o racismo *le racisme*

* * *

extremista *extrémiste*
tolerante *tolérant*
moderado *modéré*
conservador *conservateur*
democrático *démocratique*
demagógico *démagogique*
honesto *honnête*
corrupto *corrompu*
influente *influent*
persuasivo *persuasif*

* * *

governar *gouverner*
eleger *élire*

A POLÍTICA LA POLITIQUE

candidatar-se *se présenter*
perder *perdre*
ganhar *gagner*
derrubar *renverser*

CRIME E CASTIGO
CRIME ET CHÂTIMENT

a polícia   *la police*
um policial   *un policier*
a delegacia   *le poste de police*
a cela   *la cellule*
a vítima   *la victime*
a violência   *la violence*
um criminoso   *un criminel*
um delinqüente   *un délinquant*
a delinqüência   *la délinquance*
um ladrão   *un voleur*
um assassino   *un assassin*
um seqüestrador   *un kidnapper*
o refém   *l'otage*
um falsário   *un faussaire*
um receptador   *un receleur*
um estuprador   *un violeur*
um traficante   *un trafiquant*
um drogado   *un drogué*
um cafetão   *un souteneur*
um roubo   *un vol*
um furto   *un larcin*
um assassinato   *un assassinat*
um seqüestro   *un enlèvement*
um estupro   *un viol*
uma falsificação   *une falsification*
uma arma   *une arme*
as algemas   *les menottes*
uma ameaça   *une menace*
a prova   *la preuve*

CRIME E CASTIGO CRIME ET CHÂTIMENT

um indício *un indice*
uma impressão digital *une empreinte digitale*
um álibi *un alibi*
um julgamento *un procès*
a justiça *la justice*
um tribunal *un tribunal*
o juiz *le juge*
o advogado *l'avocat*
o procurador *le procureur*
a testemunha *le témoin*
o acusado *l'accusé*
o veredicto *le verdict*
a sentença *la sentence*
a prisão *la prison*
o presídio *le pénitencier*
o presidiário *le prisonnier*
o guarda *le gardien*
a pena de morte *la peine de mort*

★ ★ ★

impiedoso *impitoyable*
cruel *cruel*
perigoso *dangereux*
ameaçador *menaçant*
culpado *coupable*
inocente *innocent*

★ ★ ★

roubar, furtar *voler*
matar *tuer*
morrer *mourir*
falsificar *falsifier*
estuprar *violer*
assassinar *assassiner*
apunhalar *poignarder*

estrangular *étrangler*
fugir *fuir*
prender *arrêter*
pegar *attraper*
atirar *tirer*
resistir *résister*
investigar *enquêter*
incriminar *incriminer*
confessar *confesser*
processar *poursuivre*
acusar *accuser*
defender *défendre*
julgar *juger*
condenar *condamner*
absolver *acquitter*
libertar *libérer*
escapar *s'échapper*

GUERRA E PAZ
GUERRE ET PAIX

a guerra   *la guerre*
o inimigo   *l'ennemi*
um aliado   *un allié*
um exército   *une armée*
a marinha   *la marine*
a força aérea   *l'armée de l'air*
a bandeira   *le drapeau*
um soldado   *un soldat*
um marinheiro   *un marin*
um aviador   *un aviateur*
um oficial   *un officier*
um general   *un général*
um coronel   *un colonel*
um capitão   *un capitaine*
um tenente   *un lieutenant*
um sargento   *un sergent*
uma batalha   *une bataille*
a estratégia   *la stratégie*
a ofensiva   *l'offensive*
a defesa   *la défense*
um combate   *un combat*
o ataque   *l'attaque*
a incursão   *le raid*
um bombardeio   *un bombardement*
uma emboscada   *une embuscade*
uma arma   *une arme*
um rifle   *un fusil*
uma pistola   *un pistolet*
uma metralhadora   *une mitrailleuse*

uma bala   *une balle*
uma granada   *une grenade*
uma mina   *une mine*
um canhão   *un canon*
um obus   *un obus*
um foguete   *une fusée*
um míssil   *un missile*
um avião   *un avion*
um avião de combate   *un chasseur*
um bombardeiro   *un bombardier*
uma bomba   *une bombe*
um porta-aviões   *un porte-avions*
um submarino   *un sous-marin*
um navio de guerra   *un navire de guerre*
um tanque   *un tank*
um herói   *un héros*
uma medalha   *une médaille*
um desertor   *un déserteur*
um traidor   *un traître*
um espião   *un espion*
um preso   *un prisonnier*
uma vitória   *une victoire*
uma derrota   *une défaite*
uma retirada   *une retraite*
um cessar-fogo   *un cessez-le-feu*
uma trégua   *une trêve*
a rendição   *la reddition*
um tratado   *un traité*
a paz   *la paix*
os mortos   *les morts*
os feridos   *les blessés*
um sobrevivente   *un survivant*

GUERRA E PAZ   GUERRE ET PAIX

a destruição   *la destruction*
as ruínas   *les ruines*

* * *

sangrento   *sanglant*
violento   *violent*
mortífero   *mortel*
desumano   *inhumain*
terrível   *terrible*
medonho   *effrayant*
incondicional   *inconditionnel*
corajoso   *courageux*
covarde   *lâche*
fraco   *faible*
forte   *fort*
ousado   *audacieux*

* * *

combater   *combattre*
atacar   *attaquer*
defender   *défendre*
resistir   *résister*
atirar   *tirer*
enfraquecer   *affaiblir*
cercar   *encercler*
derrotar   *mettre en déroute*
destruir   *détruire*
afundar   *couler*
massacrar   *massacrer*
esmagar   *écraser*
ameaçar   *menacer*
vencer   *vaincre, gagner*
perder   *perdre*
render-se   *se rendre*

O DIA A DIA
LE QUOTIDIEN

Em Casa *À la Maison*

uma casa *une maison*
um prédio *un immeuble*
um apartamento *un appartement*
um cortiço *un taudis*
o telhado *le toit*
uma telha *une tuile*
uma antena *une antenne*
uma chaminé *une cheminée*
uma ardósia *une ardoise*
uma parede *un mur*
um tijolo *une brique*
o cimento *le ciment*
um bloco *un bloc*
o concreto *le béton*
a pedra *la pierre*
uma janela *une fenêtre*
uma sacada *un balcon*
um vidro de janela *une vitre*
o vidro *le verre*
uma veneziana *une persienne*
a fachada *la façade*
a soleira *le seuil*
o patamar *le palier*
uma porta *une porte*
um ferrolho *un verrou*
uma fechadura *une serrure*
uma chave *une clé*
a campainha *la sonnette*

O DIA A DIA LE QUOTIDIEN

a entrada   *l'entrée*
a saída   *la sortie*
a escada   *l'escalier*
o corrimão   *la rampe*
um degrau   *une marche*
o vestíbulo   *le hall*
um corredor   *un couloir*
a sala   *la salle de séjour*
a sala de visitas   *le salon*
a sala de jantar   *la salle à manger*
um quarto   *une chambre*
o escritório   *le bureau*
o banheiro   *la salle de bain*
a cozinha   *la cuisine*
o porão   *la cave*
o sótão   *le grenier*
o térreo   *le rez-de-chaussée*
a garagem   *le garage*
um andar   *un étage*
o teto   *le plafond*
o chão   *le sol*
o proprietário   *le propriétaire*
o inquilino   *le locataire*
o zelador   *le concierge*
a empregada   *la femme de ménage*

★ ★ ★

enorme   *énorme*
minúsculo   *minuscule,*
espaçoso   *spacieux*
apertado   *à l'étroit*
escuro   *obscur*
claro   *clair*
chique   *chic*

***
comprar *acheter*
vender *vendre*
alugar *louer*
mudar-se *déménager*

Móveis e Acessórios
Meubles et Accessoires

os móveis *les meubles*
uma poltrona *un fauteuil*
um sofá *un sofa*
uma almofada *un coussin*
uma espreguiçadeira *un divan*
uma cadeira *une chaise*
uma cadeira de balanço *une chaise à bascule*
um banquinho *un tabouret*
uma mesa *une table*
uma mesa de centro *une table basse*
uma estante *une étagère*
uma biblioteca *une bibliothèque*
um tapete *un tapis*
o papel de parede *le papier peint*
uma lareira *une cheminée*
um quebra-luz *un abat-jour*
a luz *la lumière*
um lustre *un lustre*
uma lâmpada elétrica *une ampoule*
uma luminária *une lampe*
um interruptor *un interrupteur*
uma tomada *une prise*
uma persiana *un volet*
uma gelosia *des persiennes*
um aparador *un buffet*

O DIA A DIA LE QUOTIDIEN

um armário *une armoire*
um espelho *une glace, un miroir*
uma cômoda *une commode*
uma gaveta *un tiroir*
uma cama *un lit*
um berço *un berceau*
um criado-mudo *une table de chevet*
um refrigerador *un réfrigérateur*
um fogão *une cuisinière*
as chapas *les plaques*
um forno *un four*
o exaustor *le ventilateur*
uma máquina de lavar *une machine à laver*
um lava-louça *un lave-vaisselle*
a batedeira *le mixer*
o ferro de passar *le fer à repasser*
os armários de parede *les placards*
uma pia *un évier*
uma torneira *un robinet*
o secador *le séchoir*
uma frigideira *une poêle à frire*
uma panela *une casserole*
um pote *un pot*
uma assadeira *un plat à four*
uma chaleira *une bouilloire*
uma cafeteira *une cafetière*
uma tábua *une planche*
um ralador *une râpe*
uma caneca *une chope*
uma concha *une louche*
uma espátula *une spatule*
um moedor *un hachoir*
um coador *un tamis, une passoire*

um martelo   *un marteau à attendrir*
um rolo   *un rouleau à pâtisserie*
um cutelo   *un couperet*
uma lixeira   *une boîte à ordures*
uma banheira   *une baignoire*
um chuveiro   *une douche*
um lavatório   *un lavabo*
a privada   *le cabinet*
o assento   *le siège*
a tampa   *le couvercle*
a bacia sanitária   *la cuvette*
o papel higiênico   *le papier hygiénique*
a descarga   *la chasse d'eau*
o aquecimento   *le chauffage*
a ar condicionado   *l'air conditionné*
o encanamento   *la plomberie*

* * *

confortável   *confortable*
estofado   *capitonné*
elétrico   *électrique*
quente   *chaud*
arejado   *aéré*
limpo   *propre*
sujo   *sale*
empoeirado   *poussiéreux*
entupido   *bouché*

* * *

mobiliar   *meubler*
decorar   *décorer*
limpar   *nettoyer, faire le ménage*
cozinhar   *cuisiner*

O DIA A DIA LE QUOTIDIEN

Família e Amigos
Famille et Amis

o pai *le père*
a mãe *la mère*
o marido *le mari*
a mulher *la femme*
o filho *le fils*
a filha *la fille*
os filhos *les enfants*
o avô *le grand-père*
a avó *la grand-mère*
o neto *le petit-fils*
a neta *la petite-fille*
a tia *la tante*
o tio *l'oncle*
a irmã *la soeur*
o irmão *le frère*
o sobrinho *le neveu*
a sobrinha *la nièce*
o sogro *le beau-père*
a sogra *la belle-mère*
o genro *le beau-fils*
a nora *la belle-fille*
a madrasta *la marâtre*
o padrasto *le beau-père*
um parente *un parent*
um amigo *un ami*
um namorado *un petit ami*
uma namorada *une petite amie*
um amante *un amant*
um caso *une liaison*
o noivado *les fiançailles*
o casamento *le mariage*

a noiva *la mariée*
o noivo *le marié*
o padrinho *le témoin*
um solteiro *un célibataire*
uma solteirona *une vieille fille*
uma viúva *une veuve*
um viúvo *un veuf*
a gravidez *la grossesse*
o nascimento *la naissance*
o padrinho *le parrain*
um nenê *un bébé*
uma criança *un enfant*
um guri *un gosse*
um garoto *un garçon*
uma garota *une fille*
um adolescente *un adolescent*
um adulto *un adulte*
um velho *un vieillard*
uma vida *une vie*
a morte *la mort*

***

feliz *heureux*
infeliz *malheureux*
querido *cher*
mimado *gâté*
rígido *sévère*
bondoso *bon*
educado *éduqué*
maldoso *méchant*
cabeçudo *têtu*
obediente *obéissant*
desobediente *désobéissant*
apaixonado *pris de passion*

O DIA A DIA LE QUOTIDIEN

triste *triste*
amigável *amical*
fiel *fidèle*

* * *

nascer *naître*
criar *élever*
amar *aimer*
beijar *embrasser*
abraçar *tenir dans ses bras*
crescer *grandir*
mimar *gâter*
repreender *gronder*
chorar *pleurer*
rir *rire*
casar *se marier*
divorciar *divorcer*
brigar *se fâcher*
enganar *tromper*
morrer *mourir*

LAZER
LOISIRS

Festas   Fêtes

um aniversário   *un anniversaire*
Natal   *Noël*
um casamento   *un mariage*
o batismo   *le baptême*
um feriado   *un jour férié, un congé*
uma cerimônia   *une cérémonie*
um convidado   *un invité*
um presente   *un cadeau*
um bolo   *un gâteau*
um papo   *une causette*
uma conversação   *une conversation*
uma discussão   *une discussion*
uma opinião   *une opinion*
uma fofoca   *un commérage*
uma brincadeira   *une plaisanterie*
um baile   *un bal*
uma dança   *une danse*
um flerte   *un flirt*

* * *

gostoso   *délicieux*
animado   *animé, vivant*
barulhento   *bruyant*
formal   *formel*
enfadonho   *ennuyeux*
falador   *bavard*
divertido   *divertissant*

* * *

convidar *inviter*
celebrar *célébrer*
apresentar *présenter*
reunir-se *se réunir*
festejar *fêter*
fofocar *faire des commérages*
gracejar *plaisanter*
cantar *chanter*
dançar *danser*
brincar *jouer, s'amuser*
falar *parler*
comer *manger*

Esportes e Jogos *Sports et Jeux*

um esporte *un sport*
um jogo *un jeu*
uma partida *une partie, un match*
um desportista *un sportif*
o árbitro *l'arbitre*
um jogador *un joueur*
um atleta *un athlète*
um treinador *un entraîneur*
o treinamento *l'entraînement*
um campeão *un champion*
uma equipe *une équipe*
um parceiro *un partenaire*
um torcedor *un supporter*
uma vitória *une victoire*
uma derrota *une défaite*
um empate *un match nul*
um recorde *un record*
uma medalha *une médaille*
um perdedor *un perdant*

um vencedor   *un vainqueur*
o campeonato   *le championnat*
o torneio   *le tournoi*
a temporada   *la saison*
o gol   *le but*
o goleiro   *le gardien de but*
a bola   *la balle*
o estádio   *le stade*
o campo   *le terrain*
um ginásio   *un gymnase*
um trampolim   *un tremplin*
uma argola   *un anneau*
um peso   *un poids*
um haltere   *un haltère*
as paralelas   *les barres parallèles*
a barra fixa   *la barre fixe*
uma corda   *une corde*
uma quadra   *un court*
uma pista   *une piste*
um ringue   *un ring*
uma rede   *un filet*
uma raquete   *une raquette*
o serviço   *le service*
o futebol   *le football*
o tênis   *le tennis*
o vôlei   *le volley-ball*
o basquete   *le basket-ball*
o golfe   *le golf*
o squash   *le squash*
a natação   *la natation*
o atletismo   *l'athlétisme*
a ginástica   *la gymnastique*
o boxe   *la boxe*

LAZER LOISIRS

o ciclismo *le cyclisme*
as corridas *les courses*
um salto *un saut*
o playground *le playground*
a gangorra *la bascule*
o balanço *la balançoire*
o carrossel *le tourniquet*
o tobogã *le toboggan*
a areia *le sable*
a pá *la pelle*
o ancinho *le râteau*
o balde *le seau*
a forma *le moule*
um banco *un banc*
uma piscina *une piscine*
o jogo de damas *le jeu de dames*
a dama *la dame*
o xadrez *les échecs*
o rei *le roi*
a rainha, a dama *la reine*
a torre *la tour*
o bispo *le fou*
o cavalo *le cheval*
o peão *le pion*
o tabuleiro *le damier, l'échiquier*
as cartas *les cartes*
o valete *le valet*
o ás *l'as*
ouros *carreau*
copas *coeur*
paus *trèfle*
espadas *pique*
as palavras cruzadas *les mots croisés*

um trocadilho   *un jeu de mots*
uma charada   *une charade*
um quebra-cabeça   *un puzzle*
os dados   *les dés*

* * *

rápido   *rapide*
veloz   *véloce*
forte   *fort*
vigoroso   *vigoureux*
fora de forma   *en mauvaise forme*
cansado   *fatigué*
fácil   *facile*
difícil   *difficile*
invicto   *invaincu*
violento   *violent*
excitante   *excitant*
ferido   *blessé*
esgotado   *épuisé*
duro   *dur*
afortunado   *chanceux*

* * *

correr   *courir*
saltar   *sauter*
pegar   *attraper*
puxar   *tirer*
empurrar   *pousser*
jogar, lançar   *lancer*
bater   *frapper, taper*
jogar   *jouer*
cair   *tomber*
competir   *entrer en compétition*
desafiar   *défier*
dominar   *dominer*

LAZER LOISIRS

marcar *marquer*
vencer *gagner, vaincre*
perder *perdre*
vaiar *huer*
aclamar *acclamer*
empatar *faire match nul*
treinar *entraîner, s'entraîner*
praticar *pratiquer*

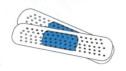

SAÚDE
SANTÉ

Corpo *Corps*

a cabeça *la tête*
o cérebro *le cerveau*
o cabelo *les cheveux*
um cacho *une boucle*
uma mecha *une mèche*
a risca *la raie*
o coque *le chignon*
um rabicho *une queue de cheval*
uma trança *une tresse*
a barba *la barbe*
o bigode *la moustache*
uma orelha *une oreille*
a testa *le front*
um olho *un oeil*
os olhos *les yeux*
a sobrancelha *le sourcil*
o cílio *le cil*
a pálpebra *la paupière*
a pupila *la pupille*
a íris *l'iris*
o nariz *le nez*
a narina *la narine*
a boca *la bouche*
o lábio *la lèvre*
um dente *une dent*
a gengiva *la gencive*
a língua *la langue*
o paladar *le palais*

SAÚDE SANTÉ

a face, a bochecha *la joue*
o queixo *le menton*
o maxilar *la mâchoire*
o rosto *le visage*
a tez *le teint*
uma cicatriz *une cicatrice*
uma espinha *un bouton*
uma covinha *une fossette*
uma ruga *une ride*
um traço *un trait*
o pescoço *le cou*
a garganta *la gorge*
o pomo de Adão *la pomme d'Adam*
a nuca *la nuque*
o tronco *le tronc*
os ombros *les épaules*
a axila *l'aisselle*
o peito *la poitrine*
o seio *le sein*
o mamilo *le téton*
as costas *le dos*
a coluna *la colonne vertébrale*
uma costela *une côte*
a barriga *le ventre*
o umbigo *le nombril*
o traseiro *le derrière*
uma nádega *une fesse*
a cintura *la taille*
o quadril *la hanche*
a virilha *l'aine*
um braço *un bras*
o cotovelo *le coude*
o antebraço *l'avant-bras*

o pulso   le poignet
a mão   la main
a palma   la paume
o dedo   le doigt
o polegar   le pouce
a articulação   l'articulation
um osso   un os
a unha   l'ongle
o punho   le poing
a perna   la jambe
a coxa   la cuisse
o joelho   le genou
o jarrete   le jarret
a rótula   la rotule
a barriga da perna   le mollet
a canela   le tibia
o tornozelo   la cheville
o pé   le pied
o dedo do pé   l'orteil
o calcanhar   le talon
a planta do pé   la plante des pieds
o coração   le coeur
os pulmões   les poumons
o fígado   le foie
o rim   le rein
o estômago   l'estomac
o intestino   l'intestin
a pele   la peau
a carne   la chair
um músculo   un muscle
uma veia   une veine
uma artéria   une artère

SAÚDE SANTÉ

o sangue *le sang*
um nervo *un nerf*

* * *

loiro *blond*
moreno *brun*
ruivo *roux*
cacheado *bouclé*
careca *chauve*
cabeludo *chevelu*
enrugado *ridé*
liso *lisse*
alto *grand*
baixo *petit*
musculoso *musclé*
esbelto *svelte*
forte *fort*
fraco *faible*
gordo *gros*
magro *maigre*
teso *raide*
flexível *souple*
feio *laid*
bonito *beau*

* * *

respirar *respirer*
bater *battre*
crescer *grandir*
engolir *avaler*
digerir *digérer*

Doença *Maladie*

um médico *un médecin, un docteur*
um cirurgião *un chirurgien*

um dentista   *un dentiste*
uma consulta   *une consultation*
um especialista   *un spécialiste*
um paciente   *un patient*
uma enfermeira   *une infirmière*
uma doença   *une maladie*
a dor   *la douleur*
um resfriado   *un rhume*
uma gripe   *une grippe*
uma febre   *une fièvre*
uma convulsão   *une convulsion*
uma náusea   *une nausée*
uma infecção   *une infection*
um corte   *une coupure*
uma queimadura   *une brûlure*
uma inflamação   *une inflammation*
uma fratura   *une fracture*
uma ferida   *une blessure*
um arranhão   *une égratignure*
um deslocamento   *une foulure*
uma irritação   *une irritation*
um micróbio   *un microbe*
um vírus   *un virus*
uma epidemia   *une épidémie*
uma tosse   *une toux*
uma contusão   *une contusion*
um envenenamento   *un empoisonnement*
a prisão de ventre   *la constipation*
a insônia   *l'insomnie*
uma cãibra   *une crampe*
o câncer   *le cancer*
um transplante   *une greffe*
a contracepção   *la contraception*

SAÚDE SANTÉ

o aborto *l'avortement*
uma operação *une opération*
uma injeção *une injection*
uma vacina *un vaccin*
uma cárie *une carie*
uma obturação *une obturation*
a broca *la roulette*
uma dentadura *un dentier*
uma extração *une extraction*
a prescrição *l'ordonnance*
um remédio *un médicament*
a cura *la guérison*
a recuperação *la récupération*
uma maca *un brancard*
uma cadeira de rodas *une chaise roulante*
o hospital *l'hôpital*
um seguro *une assurance*

* * *

doente *malade*
saudável *en bonne santé*
contagioso *contagieux*
incurável *incurable*
curável *curable*
grave *sérieux*
benigno *bénin*
mortal *mortel*
cansativo *fatigant*
esgotado *épuisé*
postiço *faux*

* * *

melhorar *améliorer*
piorar *empirer*
sarar *guérir*

vomitar *vomir*
desmaiar *s'évanouir*
tossir *tousser*
espirrar *éternuer*
fungar *renifler*
doer *faire mal*
tirar *extraire*
operar *opérer*
examinar *examiner*
tratar *traiter*
cuidar *prendre soin*
sentir *sentir*

Acidentes e Morte
Accidents et Mort

um acidente, um desastre *un accident*
uma catástrofe *une catastrophe*
uma explosão *une explosion*
um incêndio, um fogo *un feu, un incendie*
a chama *la flamme*
um afogamento *une noyade*
um desmoronamento *un écroulement*
uma inundação *une inondation*
um terremoto *un tremblement de terre*
um ciclone *un cyclone*
uma tempestade *une tempête*
os desabrigados *les sans-abri*
um sobrevivente *un survivant*
uma vítima *une victime*
o salvamento *le sauvetage*
o salvador *le sauveteur*
um salva-vidas *un maître nageur*
um bombeiro *un pompier*

SAÚDE SANTÉ

as ruínas   *les ruines*
os destroços, os escombros   *les décombres*
um cadáver   *un cadavre*
um esqueleto   *un squelette*
um túmulo   *une tombe*
um caixão   *un cercueil*
um cemitério   *un cimetière*

* * *

acidental   *accidentel*
catastrófico   *catastrophique*
explosível   *explosif*
violento   *violent*
imprevisível   *imprévisible*
trágico   *tragique*
desastroso   *désastreux*

* * *

explodir   *exploser*
desmoronar   *s'écrouler*
inundar   *inonder*
salvar   *sauver*
queimar   *brûler*
destruir   *détruire*
colidir   *se heurter*
destroçar   *détruire*

Sentidos *Sens*

a visão   *la vision, la vue*
a luz   *la lumière*
a escuridão   *l'obscurité*
a sombra   *l'ombre*
a ofuscação   *l'offuscation*
o deslumbramento   *l'éblouissement*
o brilho   *la luminosité*

o contraste   le contraste
as cores   les couleurs
o preto   le noir
o branco   le blanc
o azul   le bleu
o vermelho   le rouge
o verde   le vert
o amarelo   le jaune
o marrom   le marron
o cinza   le gris
o roxo   le violet
a miopia   la myopie
a presbiopia   la presbytie
a cegueira   la cécité
o daltonismo   le daltonisme
os óculos   les lunettes
uma lente de contato   un verre de contact
a audição   l'ouïe
o silêncio   le silence
um barulho   un bruit
um som   un son
o farfalhar   le bruissement
o sussurro, um murmúrio   le murmure
uma algazarra   une clameur
um grito   un cri
um assobio   un sifflement
um estrondo   un grondement
a surdez   la surdité
a mudez   le mutisme
o tato   le toucher
uma carícia   une caresse
um empurrão   une poussée
um aperto de mão   un serrement de main

SAÚDE SANTÉ

um abraço *une étreinte*
um golpe *un coup*
uma bofetada *une gifle*
um tapinha *une tape*
o olfato *l'odorat*
um perfume *un parfum*
um cheiro *une odeur*
o fedor *la puanteur*
o gosto *le goût*
um sabor *une saveur*
uma delícia *un délice*
o amargor *l'amertume*
a doçura *la douceur*
a insipidez *l'insipidité*
o gosto azedo *l'aigreur*

★ ★ ★

luminoso *lumineux*
escuro *obscur*
brilhante *brillant*
cego *aveugle*
caolho *borgne*
visível *visible*
invisível *invisible*
surdo *sourd*
mudo *muet*
alto *haut*
baixo *bas*
silencioso *silencieux*
ensurdecedor *assourdissant*
barulhento *bruyant*
audível *audible*
inaudível *inaudible*
fedorento *puant*

perfumado *parfumé*
cheiroso *odorant*
macio *doux*
áspero *rugueux, âpre*
liso *lisse*
duro *dur*
frio *froid*
quente *chaud*
saboroso *savoureux*
doce *doux*
amargo *amer*
salgado *salé*
apimentado *épicé*
azedo *aigre*
delicioso *délicieux*

* * *

ver *voir*
olhar *regarder*
fitar *fixer*
piscar *clignoter*
brilhar *briller*
cintilar *scintiller*
enxergar *apercevoir*
ouvir *entendre*
escutar *écouter*
gritar *crier*
berrar *hurler*
trovejar *tonner*
assobiar *siffler*
tocar *toucher*
acariciar *caresser*
apertar *presser*
agarrar *saisir*

SAÚDE SANTÉ

golpear, bater *frapper*
cheirar *sentir*
feder *sentir mauvais, puer*
saborear *savourer*
salgar *saler*
temperar *assaisonner*
adoçar *adoucir*
azedar *aigrir*
amargar *être amer*

Coração e Mente
Coeur et Esprit

um sentimento *un sentiment*
o amor *l'amour*
a ternura *la tendresse*
a compaixão *la compassion*
a bondade *la bonté*
a maldade *la méchanceté*
o ódio *la haine*
o ciúme *la jalousie*
a inveja *l'envie*
o orgulho *la fierté*
a vaidade *la vanité*
a vontade *la volonté*
a sabedoria *la sagesse*
a raiva *la rage, la colère*
a serenidade *la sérénité*
o espírito *l'esprit*
a inteligência *l'intelligence*
a imaginação *l'imagination*
a estupidez *la stupidité*
o egoísmo *l'égoïsme*
a generosidade *la générosité*

uma qualidade *une qualité*
um defeito *un défaut*
a intolerância *l'intolérance*
a coragem *le courage*
a mesquinharia *la mesquinerie*
a hipocrisia *l'hypocrisie*
a lealdade *la loyauté*
a sensibilidade *la sensibilité*
o entusiasmo *l'enthousiasme*
a felicidade *le bonheur*
a tristeza *la tristesse*
o desespero *le désespoir*
o desprezo *le mépris*
a amizade *l'amitié*
a inimizade *l'inimitié*
o otimismo *l'optimisme*
o pessimismo *le pessimisme*
a angústia *l'angoisse*
o medo *la peur*

* * *

amado *aimé*
terno *tendre*
bom *bon*
mau *mauvais*
odioso *odieux*
ciumento *jaloux, envieux*
orgulhoso *fier*
vaidoso *vaniteux*
sábio *sage*
raivoso *enragé*
espirituoso *spirituel*
inteligente *intelligent*
imaginativo *imaginatif*

SAÚDE SANTÉ

estúpido *stupide*
egoísta *égoïste*
generoso *généreux*
intolerante *intolérant*
corajoso *courageux*
mesquinho *mesquin*
hipócrita *hypocrite*
leal *loyal*
sensível *sensible*
entusiasta *enthousiaste*
feliz *heureux*
triste *triste*
desesperado *désespéré*
desprezível *méprisable*
amigável *amical*
inimigo *ennemi*
otimista *optimiste*
pessimista *pessimiste*
angustiado *angoissé*
amedrontado *effrayé*

* * *

amar *aimer*
gostar *aimer bien*
odiar *haïr*
sentir *sentir*
temer *craindre*
desejar *souhaiter*
confiar *avoir confiance*
mentir *mentir*
enganar *tromper*
amedrontar *effrayer*

PALAVRAS ÚTEIS
MOTS UTILES

sim   *oui*
não   *non*
talvez   *peut-être*
por que?   *pourquoi?*
porque   *parce que*
quanto   *combien*
quantos   *combien*
desde   *depuis*
muito   *très*
muitos   *beaucoup*
pouco   *peu*
mais uma vez   *encore*
bastante   *assez*
quando   *quand*
antes   *avant*
depois   *après*
já   *immédiatement, déjà*
nunca   *jamais*
sempre   *toujours*
muitas vezes   *souvent*
agora   *maintenant*
entre   *entre*
detrás   *derrière*
debaixo   *dessous*
sob   *sous*
por cima   *au-dessus*
ao lado   *à côté*
através   *à travers*
perto   *près*

PALAVRAS ÚTEIS MOTS UTILES

longe *loin*
para cima *en haut*
para baixo *en bas*
diante de *en face de*
sobre *sur*
em *dans*
dentro *dedans*
fora *dehors*
aqui *ici*
lá *là*
com *avec*
sem *sans*
até *jusqu'à*
mais *plus*
menos *moins*

* * *

grosso *épais*
fino *fin*
gordo *gros*
magro *maigre*
vazio *vide*
cheio *plein*
pesado *lourd*
leve *léger*
largo *large*
estreito *étroit*
comprido *long*
curto *court*
alto *haut*
baixo *bas*
alto (estatura) *grand*
baixo (estatura) *petit*
fundo *profond*

raso *peu profond*
aberto *ouvert*
fechado *fermé*
vertical *vertical*
horizontal *horizontal*
afiada *aiguisé*
embotada *émoussé*
entalhado *gravé*
em relevo *en relief*
pontudo *pointu*
obtuso *obtus*
liso *lisse*
áspero *âpre, rugueux*
íngreme *escarpé*
plano *plat*
cedo (adiantado) *de bonne heure, en avance*
tarde *en retard*
bom dia *bonjour*
boa tarde *bon après-midi*
boa noite *bonsoir*
boa noite (antes de dormir) *bonne nuit*

* * *

por favor *s'il vous plaît, SVP*
obrigado *merci*
de nada *de rien*
com licença *pardon, excusez-moi*
até logo *à bientôt, au revoir*

Conheça também outros livros da série:

Este livro foi composto na fonte Sauna e
impresso em setembro de 2012 pela Yangraf Gráfica e
Editora Ltda., sobre papel offset 90g/m².